DIFFICULTÉS

proposées

A MONSIEUR

DE CARADEUC DE LA CHALOTAIS,

Procureur - Général au Parlement de Bretagne.

SUR

Le Mémoire intitulé : ESSAI D'ÉDUCA-TION NATIONALE, OU PLAN D'ÉTU DES POUR LA JEUNESSE. Présenté au Parlement le 24 Mars 1763.

À PARIS,

M. DCC. LXIII.

TABLE SOMMAIRE.

TABLE SOMMAIRE.

Fin de la Table.

DIFFICULTÉS

Proposées à Monsieur DE CARADEUC DE LA CHALOTAIS, Procureur-Général au Parlement de Bretagne.

SUR

Le Mémoire intitulé : ESSAI D'ÉDUCATION NATIONALE, ou PLAN D'ÉTUDES POUR LA JEUNESSE. Présenté au Parlement le 24 Mars 1763.

MONSIEUR,

Votre nom est connu dans le monde sçavant & patriotique. Vos discours éloquens & sublimes dans la cause la plus célèbre qui fût jamais, vous assu-

A

rent une gloire auſſi durable que le ſera dans la poſtérité le ſouvenir de la chûte de ce fameux édifice, qui avoit couvert de ſon ombre & de ſes ténèbres la ſurface du globe.

Premier compte, pag 228.

Défendre la cauſe des rois & des états, plaider pour la cauſe, & dans la cauſe de l'égliſe & de l'état, pour la tranquillité publique, pour l'honneur & la manutention des lettres & des

Ibid. pag. 236.

ſciences : tels ſont les titres glorieux qui porteront votre nom à nos deſcendans.

L'homme, ſelon la penſée de deux anciens philoſophes, appartient à la patrie par le titre de ſa naiſſance. *Præclarè ſcriptum eſt à Platone, non nobis ſolùm nati ſumus, ortûſque noſtri*

Cic. de off. lib. 1. c. 7.

partem, patria vindicat. Le magiſtrat public eſt ſpécialement l'homme de la patrie. *Rien de ce qui eſt utile*

Diſcours de M. de la Chalotais, du 24 mars 1763.

n'eſt étranger à ſon miniſtère. Par une conſéquence néceſſaire, ce qui eſt revêtu du ſceau reſpectable du magiſtrat public, n'eſt jamais étranger à la patrie. La voix du magiſtrat public eſt la voix de la patrie. Le citoyen, fixé, & comme iſolé dans ſon état, doit reſpecter la diſtance qu'il y a de lui à ces hommes vénérables qui font établis pour juger la terre : s'il a la liberté de pénétrer dans le fanctuaire de la justice, il n'y paroît que pour s'instruire & applaudir à ses oracles.

C'est dans ces fentimens de respect & de confiance, que j'ai lû le plan des études que vous offrez à la nation. J'y ai admiré ces fentimens qui caractérifent le grand génie & le grand magiftrat.

Ce font, dites-vous, Monfieur, en parlant vous-même de ce plan, *les vues d'un citoyen qui demande à la nation entière des éclaircissemens pour le bien général de la nation.*

Tout citoyen fera donc bien reçu, s'il parle le langage de citoyen. C'est le propre du magiftrat d'être accessible à tous. Quiconque fe préfente, croit être fondé dans fes demandes. Plufieurs font dans l'erreur, tous font écoutés avec bonté.

Je commence par quelques réflexions préliminaires.

Ce qui a été détruit n'auroit jamais dû exifter. Le bien opéré par la deftruction en a prouvé la nécessité. On peut dire, fans être extrême, que ce

Difcours du 24 mars.

A ij

qui a été détruit, étoit vicieux dans
son tout, dans ses fondemens, dans
ses moyens, & nécessairement dans
ses suites. Il faut jetter d'autres fondemens, employer d'autre moyens :
s'il n'y a plus de méprise dans l'un &
l'autre, les suites seront le bien de
l'humanité, & le bonheur des peuples.

Oui, monsieur, *le bien public,
l'honneur de la nation demande t une
éducation civile qui prépare chaque gé-
nération naissante à remplir, avec suc-
cès, les différentes professions de l'état.*
L'instruction publique de la jeunesse
doit être telle qu'elle » puisse procu-
» rer à l'état des chrétiens, & des ci-
» toyens capables de remplir, dans
» le respect & la soumission qu'ils
» doivent au roi, aux loix de l'église
» & de l'état, & aux maximes du
» royaume, les différens emplois aux-
» quels ils doivent être appellés. »

Telle doit être incontestablement
l'éducation nationale. Le citoyen qui
en aura donné le plan & les moyens
exécutoires, si un seul homme peut
concevoir tout l'ensemble d'un tel
édifice, sera le plus heureux de tous
les hommes, parce qu'il aura le mieux
mérité de la patrie.

*Essai d'é-
ducation,
nationale,
pag. 2.*

*Arrêt du
parlement de
Paris du 3
septembre
1762.*

Les ſujets appartiennent à l'état ;
l'état doit donc pourvoir à leur inſtitution. *L'inſtitution doit donc être for-*
mée par les loix. Le plan d'éducation
une fois trouvé, il doit faire partie
du droit, de la loi de la nation. C'eſt
le ſeul moyen de lui aſſurer la ſtabilité
que doit avoir ce qui eſt toujours néceſſaire, toujours utile ; c'eſt le ſeul
moyen de purger l'état d'un vice trop
commun, ou d'un mal épidémique.
L'éducation devient affaire de mode, & tous les charlatans ont le talent de faire des dupes. *Si les mœurs*
publiques de la nation ne ſont pas tou-
jours bonnes ; ſi la débauche eſt trop uni-
verſelle dans la jeuneſſe, le luxe trop
répandu ; s'il y a peu d'amour de la
patrie & du bien public, la cauſe fu-
neſte de tous ces maux, eſt la licence
des ſyſtêmes, & la tolérance de toutes ſortes de doctrines dans l'enſeigne-
ment.

» *Les études publiques doivent être*
« *dirigées vers la plus grande utilité pu-*
» *blique.*» Les inſtituteurs doivent donc
être des citoyens dégagés de tout préjugé,
des hommes inſtruits par la pratique
des vertus morales & politiques.

Pag. 5.

Pag. 8.

Pag. 7.
Pag. 9.

Pag. 20.

A iij

> *Les lettres ne font qu'une partie de*
> *l'inftitution d'une nation ; l'inftitu-*

Pag. 9 &
10.

> *tion a des vues plus étendues.* « Donc
s'il n'y a dans un état d'autre inftitu-
tion que celle qui dépend néceffairement des lettres, ou qui, tout au plus,
n'eft propre qu'à former des gens de

Pag. 2.

lettres, il n'y a dans cet état qu'une
inftitution défectueuſe, ou même vi-
cieufe : il n'y a point de queſtion à
faire par rapport à nous. En France,
l'éducation nationale n'eft, ni affez
bien entendue, ni affez étendue ; &
nous n'avons pas encore un plan d'é-
tudes par l'exécution duquel, on tire
tout le parti qu'on peut tirer du génie
François.

Ces vérités font anciennes, avouées
dans tous les fiècles qui n'ont pas été
les fiècles barbares. De-là, tous ces
plans d'éducation, fruits des veilles
des plus grands hommes. Cependant
notre éducation fe fent encore de ces
temps voifins des ténèbres qui cou-
vroient l'Europe, & qui furent l'époque de la fondation de l'inftitution
publique, & du renouvellement des
lettres.

Quelles font les caufes occafionel-

les d'un abus fi énorme ? Elles vous
font connues, monfieur : mais ce qui
a rendu inutiles tous les plans d'éducation, les projets pour perfectionner
l'éducation, les plans d'études, &c.,
c'eft que les grands hommes qui y
ont confacré leur temps & leurs talens, étoient des hommes qui fouvent
ne propofoient que des fyftèmes, qui
abondoient dans leur fens, & qui n'a-
voient pas toujours affez étudié la
queftion de l'exécution poffible ac-
tuelle de leurs plans ; en un mot,
ils donnoient des plans, & laiffoient
à d'autres *l'arrangement du plan & fa
tablature.* Les plans d'éducation ne Pag. 149.
manquent pas. *Il eft poffible de réfor-* Pag. 7.
*mer les études publiques ; il eft poffible
de mieux faire que ceux qui nous ont
précédé.* Mais comment s'y prendre
pour mieux faire ? Je fuppofe que le
plan que vous propofez *aura le bonheur d'être approuvé du maître & de
la nation,* fon arrangement, fa tabla- Pag. 149.
ture feroient-ils faciles, ou même poffi-
bles ? Ce qui manque à la nation,
eft une méthode d'éducation ; c'eft-
à-dire un plan d'éducation, fuivi de
l'arrangement & de la tablature du
plan.   A iiij

Dans l'inftant préfent des affaires en France, une méthode - pratique d'éducation nationale eft un ouvrage nouveau, mais néceffaire. L'ancien mal eft connu : c'eft perpétuer le mal que de paffer le temps à difputer fur la nature du remède, ou fur les moyens de guérifon : ce qui ne guérit pas n'eft pas remede.

Pour réédifier, il faut avoir préfent à l'efprit les défauts du premier édifice, & concevoir, comme déjà exiftant, l'édifice qui doit être fubftitué. Ces deux idées font comme le germe du plan : fous un autre rapport, le plan eft le germe de l'édifice.

Un plan d'éducation eft comme le moule dans lequel l'homme eft figuré ; le maître & le difciple. Les défauts du moule feront vifibles fur la matière figurée.

Un plan quelconque fuppofe des principes ; il n'eft dans la vérité que l'exécution des principes, & l'exécution en démontre la vérité. Les principes réprouvent tout ce qui n'eft que fyftême u poffibilité idéale. Tous les arts font formateurs dans leur genre ;

tous les arts ont leur méchanique, leur géométrie. La résistance, ou la flexibilité intrinsèque des matières à former, est le fonds qui produit les principes. Un plan proposé suppose la connoissance du fonds productif des principes.

L'éducation est le grand art de former l'homme : un plan d'éducation est donc le plan de la formation de l'homme. Ce grand art a sa méchanique, sa géométrie. Un plan d'études n'est pas un plan d'éducation ; & cependant un plan d'études comprend nécessairement un plan d'éducation : donc un plan d'études est un mauvais plan, s'il est séparé du plan d'éducation.

Les principes de l'art formateur de l'homme, découlent de ce qu'il y a de plus intime dans l'homme. Il faut connoître le cœur de l'homme pour le former. Le supposer tel qu'il n'est pas, & vouloir le former, est une chimère systématique des prétendus philosophes. Si le cœur de l'homme est malade, il faut le guérir ; & pour le guérir, il faut connoître les causes de la maladie. L'homme en santé peut ufer, avec profit, des chofes qui donnent la mort aux malades. Tout infituteur qui forme l'efprit aux dépens du cœur, eft femblable à un médecin ignorant, qui, pour guérir une maladie, en procure une plus dangereufe.

Voilà, monfieur, des penfées que la lecture de votre mémoire a fait naître. Si les principes, dont l'expérience a démontré la vérité, vous paroiffent conftans, peut-être y auroit-il quelque changement à faire dans les moyens que vous propofez pour exécuter un plan d'éducation. Je viens aux éclairciffemens que vous permettez aux citoyens de vous demander.

Première Difficulté.

» *La fermentation qu'il y a dans le* » *public de l'Europe, par rapport aux* » *vues d'éducation, eft vifible.* » Ces momens font précieux. N'eft-il pas à craindre que, par une fuite des anciennes idées trop peu étendues fur l'éducation, on ne s'occupe que du bien particulier, & qu'on perde de vue le bien général ? Réformer l'inftitution

Pag. 34 &
133.

littéraire, n'eſt qu'un bien particulier dans l'état. Le ſeul moyen de tourner au profit de la nation entière, *la fermentation qu'il y a dans le public, par rapport aux vues d'éducation*, eſt de fonder une éducation vraiment nationale; c'eſt à-dire, une éducation dont tous les ordres de l'état puiſſent profiter. » *Celui qui doit commander* » *un jour des armées, ou qui eſt deſ-* » *tiné aux premières places de la ma-* » *giſtrature, eſt élevé comme le fils d'un* » *major de milice bourgeoiſe, ou comme* » *le fils d'un praticien de village.* « Vous vous plaignez de ce déſordre; mais cette confuſion eſt inévitable dans le ſyſtême d'un ſeul plan d'éducation. Un inſtituteur peut-il à tout inſtant diverſiſier l'inſtruction, & la rendre différente ſelon les perſonnes ?

Pag. 22.

L'état eſt un corps dont les particuliers conſidérés individuellement ſont les membres, les conditions génériques & ſpécifiques, la collection des familles, leur réunion forme le corps entier. Un corps eſt compoſé de pluſieurs membres; mais tous les membres n'ont pas la même fonction : l'inſtitution étant pour l'état, ce qu'eſt

Pag. 10. l'éducation pour les particuliers ; il eſt conforme à la nature, de diviſer cette inſtitution en autant de chapitres, qu'il y a dans l'état de diviſions dans les conditions. Un plan d'éducation pour tous, un plan d'études pour chacun ; deux choſes abſolument néceſſaires pour tous.

Je plaide ici principalement la cauſe du peuple, la cauſe du païſan, la cauſe du pauvre ; je le fais, avec confiance, auprès d'un magiſtrat, qui a dit lui-même que le *miniſtère public eſt le dé-*Second compte, P. 6. *fenſeur né de ceux qui n en ont point.* « *C'eſt l'état,* dites-vous, mon-Educ. na-tion. P. 11. » *ſieur, c'eſt la majeure partie de la* » *nation qu'il faut principalement avoir* » *en vue dans l'éducation : car vingt* » *millions d'hommes doivent être plus* « *conſidérés qu'un million ; & les païs-* » *ſans, qui ne font pas encore un ordre* » *en France, comme en Suède, ne doi-* » *vent pas être négligés dans une inſti-* » *titution :* » on ne peut parler avec plus de ſageſſe pour le bien public. La difficulté eſt dans les moyens que vous propoſez : & dans le fait, en ſuivant le plan de votre mémoire, il n'y aura d'éducation que pour ceux,

qui, selon leur condition, & par état,
sont nés pour cultiver les lettres & les
sciences ; & d'autre institution dans
la nation, qu'une institution littéraire
& scientifique : vous l'avez décidé d'une manière étrange. *Le lien de la société demande que les connoissances du
peuple ne s'étendent pas plus loin que
ses occupations.* Vous ne voulez pas
même que le peuple sçache lire &
écrire. Toute l'institution du païsan
sera de sçavoir se courber vers la terre,
& parler aux animaux qu'il nourrit :
celle du peuple, de sçavoir dessiner,
manier le rabot & la lime ; ou bien,
selon les différentes plages, d'être con-
damné à servir dans un vaisseau, pour
devenir matelot. L'institution nationale ne sera donc dirigée que vers un
million d'hommes, & vingt millions
y feront sans considération. Cette conséquence n'est-elle pas inconciliable
avec vos principes ? Il faut donc se
hâter de supprimer un grand nombre
de collèges, par la crainte que les laboureurs & les artisans, qui ne doivent pas même sçavoir lire ni écrire,
n'y envoient leurs enfans ; il faut supprimer toutes les écoles, & dans les

Pag. 26.

Pag. 25.

Voy. les pag. 2. 3. 4. 5. 11. & autres. P. 123 du premier a
linea au se-
cond, cet
endroit est
triomphant.
Il y en a plu-
sieurs sous le
même arti-
cle. *De la
morale.*

villes, & dans les campagnes.

Je ne sçais, monsieur, si ce plan sera approuvé du maître & de la nation. S'il étoit approuvé, ce seroit donc une loi en France, que ceux qui ne doivent apprendre qu'à dessiner, manier le rabot & la lime, n'apprendront ni à lire ni à écrire; que les mousses & les matelots ne sçauront ni lire ni écrire; que parmi les gens du peuple, ceux-là seulement sçauront lire & écrire, qui vivent par ces arts, ou que ces arts aident à vivre.

Voy. pag. 25 & 26. On demande, monsieur, si ces vingt millions d'hommes auxquels vous refusez impitoyablement toute éducation, n'ont pas des devoirs à remplir, & s'il n'est pas important qu'ils les connoissent? Ces vingt millions d'hommes laissés sans culture, ignorans, & par conséquent insensibles sur les devoirs, ne deviendront-ils pas timides, superstitieux, peut-être cruels? Vous l'avez décidé dès les premières V. pag. 2 & 3. pages de votre mémoire. La nation retomberoit infailliblement dans la barbarie des siècles passés, par l'exécution de ce plan d'éducation. Ne lui envions pas la gloire qui la distingue de toutes les autres : si elle l'emporte sur ses voisins, si elle les surpasse par son industrie, c'est parce que le peuple y est plus éclairé, & c'est à l'education qu'elle est redevable de sa gloire.

V. pag. 4.

Je conviens, monsieur, que votre mémoire fournit les moyens de répondre à cette difficulté. On peut répondre que l'éducation nécessaire à ces vingt millions d'hommes, c'est de connoître la religion, & d'être habile dans sa profession : *qu'il y a d'excellens catéchismes imprimés ; qu'on peut lire aux enfans ceux de Bossuet, ou de Fleury . . . que c'est dans le sein des familles chrétiennes, dans les instructions de la paroisse, que les enfans doivent apprendre les élémens du christianisme ; que les églises sont les véritables écoles de la religion,* & qu'enfin les maisons qu'habitent les maîtres dans les différens arts, font les écoles où ces arts s'apprennent : or pour tout cela, il ne faut sçavoir ni lire ni écrire.

Pag. 16.

On répond, que regarder cette éducation comme suffisante pour former l'homme, le chrétien, le citoyen,

est presque nier les suites du péché
originel ; que dans les villages où il
n'y a pas d'école , les hommes ne
paroissent différer des brutes que par
la figure ; & que pour les mœurs , ils
vivent comme le cheval & le mulet.,
qui sont sans intelligence.

Préf. du
cat. hist.

» Quoique le catéchisme , dit l'ab-
» bé Fleury , contienne ce qui est
» nécessaire à sçavoir , il en est com-
» me de tous les autres abrégés,
» que l'on ne sçait jamais bien , si on
» n'étudie rien au-delà. . . . Dans les
» sermons, on ne traite que des su-
» jets particuliers qui supposent les
» chrétiens suffisamment instruits de
» l'essentiel de la religion. On y ex-
» plique rarement les premiers prin-
» cipes : . . . à la vérité, les meil-
» leurs catéchistes seroient. les peres
» de famille , si chacun étoit bien ins-
» truit, & soigneux d'instruire ses en-
» fans. . . . A l'église, on ne parle
» qu'à certains jours aux enfans pen-
» dant peu de temps : les enfans y
» sont plusieurs ensemble extreme-
» ment dissipés , &c. » On ajoute
qu'il y a toujours un grand nombre
d'enfans qui ne vont point au catéchisme;

chifme; qu'il eft impoffible , par exemple , que les mouffes fréquentent les églifes , qui font les feules écoles dont vous ne leur fermez pas l'entrée. On peut donc conclure des fçavantes & judicieufes réflexions de l'abbé Fleury, qu'enlever aux enfans les moyens d'apprendre à lire, c'eft leur enlever le feul moyen d'apprendre à connoître Dieu, à l'aimer, à le fervir.

L'évangile , dit faint Bernard, n'eft écrit que pour être lu. Comment le lira celui à qui on aura défendu d'apprendre à lire ? & quelle inftruction peut tenir lieu, ou difpenfer de lire l'évangile ?

Serm. 1: dom. 6 poft pent. tom. 3. pag. 344.

Quels hommes que les mouffes & les pilotes qui n'ont jamais vu d'autre école que la mer ? Que deviendra le laboureur, l'artifan, dans les jours où il ne pourra pas travailler, fi un bon livre ne le retient pas chez lui, au moins une partie du temps ? Le laboureur & l'artifan qui paie fon loyer, ou fa taille, &c, qui a un mémoire de dépenfe à faire, ou à fournir, fera à tout moment dans la néceffité de recourir à ces hommes qui vivent par ces arts qu'il n'a pas pu

B.

apprendre. Quelle ſervitude pour un
pere de famille qui n'eſt pas riche,
& quel déſordre par-tout, ſi on ne
traite de cela qu'au cabaret?

Eſt-ce là, monſieur, le plan de la
grande famille, ſur le modèle de laquelle les familles particulières qu'elle
V. p. 13. renferme, doivent être règlées ? L'a-
mour de l'homme, l'amour de l'humanité peut-il ſe concilier avec ce
Pag. 120. ſyſtême? Vous établiſſez ailleurs cette
propoſition : *des faits donnés, conclure ceux qui doivent arriver, c'eſt le
problême de la politique.* Les faits ſont
donnés, la concluſion eſt évidente :
donc à cet égard, ce plan d'éducation nationale eſt contraire à la bonne
politique.

Oui, monſieur, refuſer à l'homme,
quel qu'il ſoit, une ſorte d'éducation,
c'eſt enlever des adorateurs au vrai
Dieu, & des vrais citoyens à l'état. (a)

(a) Permettez-moi, M. de copier ici ce
qui ſe trouve à la page 257 des comptes
rendus aux chambres aſſemblées au parlement
de Paris. „ Dans le moment que l'on doit
„ regarder comme l'époque du renouvelle-
„ ment de la littérature, tout genre d'édu-
„ cation, & ſingulièrement celle des pau-
„ vres eſt précieuſe. Il eſt donc très-impor-

Seconde Difficulté.

Avant que d'aller plus loin, je pro-
teste, contre quiconque donneroit à
ces difficultés, un sens que je n'ai
pas, ou qui supposeroit qu'elles sont
écrites avec des sentimens que je dé-
savoue. Par le mémoire dont il s'agit,
le magistrat, qui en est auteur, a donné une nouvelle preuve de son zèle
pour le bien public ; & je desire très-

„ tant de ne pas négliger celle des vigne-
„ rons, des artisans & des autres ouvriers,
„ dont les travaux & la conduite font notre
„ fortune & notre tranquillité... Ce n'est
„ que dans une éducation gratuite, continue
„ & lumineuse, à proportion de l'état & des
„ dispositions des enfans, que l'on peut se
„ flatter de faire naître aux pauvres l'amour
„ de leur état & de leurs devoirs, de leur
„ faire connoître & aimer la religion dans
„ laquelle nous avons le bonheur d'être nés,
„ & de leur inspirer un éloignement absolu
„ pour l'oisiveté, source & principe de tous
„ les vices ; que ce genre d'instruction a été
„ de tout temps recommandé ; que depuis
„ Charlemagne toutes les ordonnances, &c."
Compte rendu par M. le président Rolland le
11 mai 1763. Pontoise, résidence, chap. 5.
Mémoire des administrateurs de l'hôpital des
Enfermés.

fincèrement, comme citoyen, que la nation pour laquelle cet ouvrage a été entrepris, en puiſſe retirer tous les avantages qu'on s'eſt propoſé de lui procurer. Si ces difficultés méritent quelqu'attention, elles ſeront éclaircies, & le plan en ſera plus complet; ſi on mépriſe les difficultés, on ne condamnera pas leur motif.

S'il eſt des perſonnes qui penſent autrement de l'eſſai d'éducation nationale, ou qui ſe permettent des cenſures indiſcrètes & déplacées. Je dis, monſieur, que ces perſonnes ont lu votre mémoire, & ne l'ont point compris, parce qu'elles n'en ont pas étudié le ſyſtème, ou qu'elles ſe ſont trop arrêtées aux premières penſées. Ce mémoire réunit pluſieurs parties qui ont été conſidérées ſéparément, & traitées comme des pièces iſolées faiſant un tout à part, dont le rapport à l'ouvrage entier, n'eſt pas ſenſible aux lecteurs ſuperficiels.

Pag. 36. V. auſſi pag. 107 & 131. Si on ſoutenoit, par exemple, d'après ce qui eſt dit ſur les moyens d'enſeigner la religion dans chaque collège; c'eſt-à-dire, à des jeunes gens de tout âge, & de toutes les claſſes, &

en grand nombre, tel petit qu'on suppose le nombre d'écoliers dans chaque classe particulière ; que l'étude, la connoissance, le respect & l'amour de la religion, n'est pas un article capital dans le plan d'une éducation nationale ; que cette étude n'est pas la plus considérable, la plus importante, la plus essentielle, que les jeunes gens ne doivent pas être instruits dans la morale & dans la doctrine évangéliques dès les premiers crépuscules de la raison. Celui qui se permettroit ces pensées, auroit été bien distrait, ou manqueroit de discernement & d'intelligence.

Quoi de plus clair en effet, monsieur, & de plus précis que vos assertions. J'en extraits ici quelques-unes.

» *De toutes les instructions, la plus*
» *importante, est d'instruire les enfans*
» *dans la religion. On doit rechercher* V. pag. 15.
» *avec encore plus de soin ce qui re-*
» *garde les mœurs, ce qui constitue la*
» *vertu, la religion* ; de-là ces plain- Voy. pag.
tes trop fondées que » *la religion ne* '34.
» *soit pas enseignée dans les collèges*
» *avec plus de soin que les sciences* ; Pag. 21.
» qu'*au lieu d'instruire les jeunes gens.*

» *des devoirs communs à tous les hom-*
» *mes, on leur inspire une dévotion qui*
» *n'est qu'une imitation de la religion,*
» *des pratiques pour tenir lieu de ver-*
P. 20. 21. » *tus, & qui n'en sont que l'ombre;*
» *que la religion soit attaquée, &*
» *qu'elle manque de defenseurs; que*
» *l'érudition acquise par un jeune hom-*
» *me succombe sous la moindre objec-*
» *tion spécieuse d'un incrédule; d'où*
» il arrive *malheureusement* que *tout*
» *l'édifice d'une morale mal étayée,*
Voy. pag. » *s'écroule.* »
124.

Vous faites plus encore, monsieur;
vous avez déploré le mal ; vous mon-
trez le remède , en faisant connoître
les sources pures, où les maîtres &
les disciples doivent puiser les vrais
principes de la science de la religion.
Pag. 137. Si vous n'entrez pas dans un plus
grand détail; quoique vous eussiez pu,
sans usurper le droit d'enseigner la reli-
Voy. pag. *gion*, nous donner un plan , & la meil-
137. leure méthode de l'enseigner, c'est
que vous êtes dans la persuasion qu'a-
vec de bons livres on peut se passer
de maître. Vous me permettrez de
vous proposer dans la suite quelques
difficultés sur ce système.

S'il reste quelques éclaircissemens à vous demander, ce pourroit être, tout au plus, de vous prier de nous dire :

1°. Pourquoi vous ne croyez pas devoir conseiller la lecture des épîtres des apôtres, & même de l'apocalypse. L'évangile est, à la vérité, le code de la morale & du christianisme ; mais, si par la lecture de l'évangile on apprend comment on doit vivre, par la lecture des épîtres des apôtres, on voit qu'il est possible en effet de vivre en pratiquant l'évangile à la lettre. Les épîtres des apôtres sont l'histoire des mœurs des premiers chrétiens. Leurs devoirs étoient nos devoirs ; leur vie est le modèle de la nôtre. Après l'évangile, les épîtres des apôtres sont le meilleur livre pour apprendre ce qu'on doit au roi & à la patrie.

L'apocalypse doit être lu, puisque c'est par l'ordre exprès de J. C. qu'il a été écrit. » Ceux, dit M. Bossuet, » qui ont le goût de la piété, trouvent un attrait particulier dans cette » admirable révélation de saint Jean. » Le seul nom de J. C. dont elle est » intitulée, inspire d'abord une sainte :

Préf. de l'apoc.

» joie. On y reffent, en la lifant, une
» impreffion fi douce, & tout enfem-
» ble fi magnifique de la majefté de
» de Dieu; il y paroît des idées fi
» hautes du miniftère de J. C., une
» fi vive reconnoiffance du peuple
» qu'il a racheté par fon fang; de fi
» nobles images de fes victoires &
» de fon règne, avec des chants fi
» merveil'eux pour en célébrer les
» grandeurs, qu'il y a de quoi ravir
» le ciel & la terre. »

2°. On pourroit vous demander encore, fi les obligations connues, & les
devoirs bien approfondis, il n'eft pas
vifible qu'un feul homme, chapelain
ou aumônier dans un collège, ne
pourra remplir que très - imparfaite-
ment l'important miniftère dont vous
le chargez?

Ce chapelain, ou maître d'inftruction, eft celui qui profeffe la fcience
la plus difficile, & cependant la plus
effentielle : c'eft de fon travail que
dépend principalement la formation
du cœur, la formation de l'homme intérieur, de l'homme pour Dieu, &
pour la fociété.

C'eft perdre fon temps, fi on compte
inftruire,

inſtruire tout le peuple étudiant, & compoſant un collège par un ſeul & même diſcours ou catéchiſme, qui ſera, ou trop fort pour les commençans, ou trop ſimple pour ceux qui ſont plus avancés, & qui par·là devient inutile à tous. » *La méthode d'é-* » *tudier la religion comme ſcience, dé-* » *rive de la méthode générale des étu-* » *des.* » Les ſecours ſpirituels doi- **Pag. 117.** vent donc être diviſés & ſous-diviſés. Un ſeul homme pour tout cela ; … cependant s'il eſt ſçavant, s'il a du zèle, de la prudence & de la ſageſſe, fût-il ſeul, il fera toujours quelque bien.

L'abbé Gédouin, dont vous rap- portez le texte, s'eſt trompé lorſqu'il **Pag. 132.** a dit que l'on faiſoit trop dépendre les mœurs de la révélation ; & le ca- téchiſme qu'il nous donne, annonce un homme qui ne connoît point com- ment l'amour & la pratique de la vertu ſe perſuadent depuis le péché. C'eſt ce que j'ai remarqué plus haut ; on veut former l'homme, & on le ſuppoſe tel qu'il n'eſt pas. Il faut apprendre aux enfans que Dieu, (& non pas la na- ture, comme dit l'abbé Gedouin),

C

a gravé fa loi dans le fond de nos cœurs ; mais que cette loi ne forme point une loi indépendante de la révélation ; que dans l'état de la nature corrompue, l'homme pécheur ne peut obferver comme il faut la loi naturelle, & rendre à Dieu, par cette obfervation, un culte qui lui fo t agréable, fans la foi en Jéfus-Chrift, & fans le fecours de la grace de Jéfus-Chrift. Il faut leur apprendre & leur expliquer ces vérités, de manière qu'ils les comprennent, &c. (*b*)

L'abbé de Saint-Pierre parle auffi de la vertu à fa manière. Mais tous ces auteurs montrent à quiconque a appris à connoître Dieu par la voie fimple de l'évangile, qu'ils ignoroient parfaitement les profondeurs du cœur de l'homme. Quels hommes, ces hommes-là, à côté de Nicole, de Boffuet, &c ? (*c*)

(*b*) Il faut leur faire remarquer en toutes chofes, dans eux-mêmes & dans les autres, l'effroyable corruption du cœur de l'homme, fon injuftice, fa vanité, fa ftupidité, fa brutalité, fa mifère, & leur faire comprendre par-là la néceffité de la réformation de la nature. Nicole édue. d'un prince, 2. part. n. 41.

(*c*) L'abbé de Saint-Pierre dit férieufement,

3º. Enfin, puisque vous avez jugé à propos de parler des missionaires, & de la science des curés dans les campagnes, il paroît, 1o. qu'il étoit de la justice de ne pas confondre les missionaires de tous les ordres qui ont passé les mers pour aller dans les païs où le nom de Jésus-Christ n'étoit pas connu. Les seuls missionaires qui se soient frayés un chemin dans ces païs éloignes *par l'enseignement des connoissances utiles à la société*, ce sont vos expressions, qui, par le crédit que leur ont attiré ces memes connois- *Pag. 145.*

p. 172 du 1er. tome, qu'il approuve fort le statut des Jésuites, parce que leurs régens peuvent n'être pas dans les ordres, ni par conséquent obligés à réciter les prières & les lectures du breviaire. Il suppose que la récitation du breviaire emporte tous les jours deux heures du temps du régent, & par conséquent sept cent trente heures par an ; & il prétend que l'emploi de sept cent trente heures par an à former les jeunes gens, est incomparablement plus utile à l'église & à l'éducation des fidèles, que l'emploi du breviaire. Ainsi, un régent ne doit pas même prendre deux heures par jour pour penser à lui & pour prier. Cette décision n'annonce-t-elle pas un homme sçavant dans la morale, & bien instruit des besoins & des misères de l'homme ?

C ij

ſances à la cour des empereurs, dont
ils ont abuſé d'une manière ſi révol-
tante & ſi barbare, ont détruit tout
ce qui étoit édifié avant eux : ces miſſionaires ſont ces hommes qui di-
ſoient avoir fait un quatrième vœu
pour les miſſions. Ces hommes ſont
ceux dont vous avez dit qu'on leur
avoit reproché » d'avoir ſuivi, pour
» la converſion des nations, des maxi-
» mes différentes des miſſionaires apoſ-
» toliques ; d'avoir adopté les mœurs,
» les coutumes, & même les ſuperſti-
» tions des peuples idolâtres. »

C'eſt ainſi que finiront tous les hommes, qui, uſurpant le miniſtère apoſ-
tolique, veulent faire l'œuvre de Dieu
par des voies qui ſont toutes de
l'homme. *Non in humanæ ſapientiæ ver-*
bis ... prædicamus Chriſtum crucifixum;
judæis quidem ſcandalum, gentibus au-
tem ſtultitiam. C'eſt par ces voies op-
poſées à la ſageſſe humaine, que les
apôtres ont converti le juif & le gentil.

Il paroît, 2o. par rapport aux curés, que vous ne donnez pas une
grande étendue au miniſtère du paſ-
teur, ni aux devoirs du troupeau.
Dans une paroiſſe de campagne, dont

Second compte, P. 22.

Cor. 2. 13.
1. Cor. 1. 23.
P. 12 & 13.

les habitans ne sçauroient pas lire ;
un curé, formé sur le plan que vous
ébauchez, laisseroit infailliblement les
paroissiens dans une grande ignorance.
Les autres connoissances par lesquel-
les vous pensez qu'il pourroit contri-
buer au bonheur des hommes, si vous
en exceptez le talent de terminer les
procès, ces connoissances n'ont jamais
été recommandées aux ministres des
saints autels. *Jésus-Christ ne s'appelle*
pas la lumière du monde, pour avoir ins-
truit le monde des sciences & des arts.
Il n'a rien moins fait que cela, ni ses
apôtres non plus. Nicole, essais de morale, tom. XI, pag. 110.

TROISIÉME DIFFICULTÉ.

Le plan d'éducation nationale est
fait sur des principes qu'on peut appeller la politique des états, touchant
l'éducation. Ceux-ci m'ont paru être
le fondement sur lequel porte tout
l'édifice.

» *L'éducation devant préparer des*
» *citoyens à l'état, il est évident qu'elle*
» *doit être relative à sa constitution &*
» *à ses loix : elle seroit foncièrement*

Pag. 12 &
23. *mauvaise si elle y étoit contraire.. »*
» *Tout se tient dans l'ordre moral*,
» *comme dans l'ordre physique. L'éduca-*
» *tion des particuliers, & celle des col-*
» *léges, sont relatives à l'institution*
» *d'une nation, & à la constitution mê-*
» *me de l'état. Est-il militaire ou com-*
» *merçant ? Est-ce une monarchie, ou*
» *une république, &c? »*

Je n'examine point ici si ces maximes sont de tous les temps, & de tous
Pag. 23. les lieux, si elles ont leur application
à la religion comme aux vertus civi-
les, & si on entend les appliquer au
temps des Néron & des Deces; aux
constitutions & aux loix de l'empire
Romain, lorsque le christianisme se
fondoit par la prédication de l'évangile. L'homme est à Dieu avant que
d'appartenir à l'état. Il y a, on ne
peut le nier, même par rapport à l'é-
ducation, un ordre de devoirs indé-
pendans des loix, & des constitutions
des états.

Vous aviez ces maximes en vue,
lorsque vous accusiez notre éducation
Pag. 20. d'un défaut considérable : » *elle ne*
» *tient pas à nos mœurs comme celle*
» *des anciens. »*

Ce reproche donne lieu à une question : l'éducation suppose-t-elle les
mœurs publiques , ou forme-t-elle les
mœurs publiques ? Il semble que vous
aviez prévu la question. » *Les hom-* Pag. 31.
» *mes*, dites-vous, *sur-tout en France,*
» *sont tout ce qu'on veut qu'ils soient.*
» *. . . Une institution formée par les*
» *loix changeroit en peu d'années les*
» *mœurs d'une nation entière. Chez les*
» *Spartiates*, *elle avoit vaincu la na--*
» *ture même.* » Pag. 32.

Ces maximes n'établissant donc pas
des principes invariables , ni dans l'ordre moral , ni dans l'ordre politique ,
il doit arriver que les conséquences
qui y ont rapport, soient très-suscep-
tibles de vérification.

Je mets au nombre de ces conséquences qui peuvent être vérifiées ,
la réponse à cette question importante. *Y a-t-il trop ou trop peu de col-*
lèges en France ? » *La résolution de*
» *cette question*, dites-vous monsieur, Pag. 22.
» *dépend de sçavoir s'il y a assez de la-*
» *boureurs*, *assez de soldats*; *s'il n'y a*
» *pas assez de praticiens*; *s'il y a trop*
» *ou trop peu d'ecclésiastiques*, *des gens*
» *de lettres*; *en un mot*, *elle dérive de*

» *la proportion qui règne , ou qui doit*
» *règner entre les différentes professions*
» *combinées avec leur utilité & leur*
» *nécessité.* » Vous observez qu'il n'y
a pas assez des premiers , & beaucoup trop de tous les autres. Vous
jugez qu'il est contraire au bien de
l'état, qu'il y ait tant d'étudians dans
un royaume , où tout le monde se
plaint de la dépopulation ; que le peuple puisse étudier , que les laboureurs & les artisans aient la liberté d'en-
voyer leurs enfans au collège , &c.
trop de collèges en France. Tel est,
selon votre plan , le principe des ma-
ladies politiques.

Voilà , monsieur, des vues toutes
neuves. Jusqu'à présent, on avoit vu
des causes fort différentes , relatives à
tous les objets de vos plaintes.

Sous le règne de Louis-le-Grand,
le cens du peuple en France montroit
vingt millions d'hommes : un plus
grand nombre de sujets dans tous les
ordres religieux, & dans l'état ecclé-
siastique : un aussi grand nombre de
collèges & d'étudians : un plus grand
nombre de laboureurs , & dans tous
les arts un plus grand nombre d'élè-

ves. Aujourd'hui on se plaint partout de la dépopulation : il s'est formé dans le royaume un état nouveau ; c'est l'état de ceux qui n'en ont plus, parce qu'ils ne peuvent plus en avoir.

Aussi, monsieur, les différentes classes du parlement, qui plus d'une fois ont instruit le magistrat souverain * de la dépopulation, de la désertion des campagnes, &c. ont toujours assigné des causes plus vraies de ces maux, que le trop grand nombre de collèges, ou d'étudians, ou de religieux, &c. Ces causes plus vraies, & les seules vraies, à qui sont-elles mieux connues qu'aux magistrats ?

* Cette expression est de M. Bossuet ; polit. sacrée, L. 1. art. 3. 5. prop.

Il y aura toujours des laboureurs, des artisans, des ouvriers dans les différentes professions. Toujours dans le plus grand nombre des conditions, les enfans succéderont à la condition des pères en succédant à leur nom & à leurs héritages. Remontons à la cause première. » Dieu a donné aux » hommes divers talens ; l'un est pro- » pre à une chose, & l'autre à une » autre, afin qu'ils puissent s'entre-se- » courir comme les membres du

» corps , & que l'union foit cimen-
» tée par ce befoin mutuel : . . .
» ainfi, par les talens différens, le
» fort a befoin du foible, le grand
» du petit , chacun de ce qui paroît
» le plus éloigné de lui. . » Tel eft

Boffuet Ibid.
art. . 6.
prop.

le motif de la confiance : *Dieu a donné aux hommes divers talens.* Si on veut parler politique, on dira avec vous.

C'eft au gouvernement à rendre cha-

Pag. 31.

que citoyen affez heureux dans fon état, pour qu'il ne foit pas forcé d'en fortir.

Enfin , monfieur , vous concluez »

Pag. 26 &
27.

qu'il eft plus avantageux à l'état qu'il
» *y ait peu de collèges , pourvû qu'ils*
» *foient bons, . . . que d'en avoir beau-*
» *coup de médiocres. Il vaut mieux*
» *qu'il y ait moins d'étudians, pourvû*
» *qu'ils foient mieux inftruits, & on les*
» *inftruira plus facilement, s'ils ne font*
» *pas en grand nombre.* »

Mais fi tous les collèges étoient bons , fi tous les étudians étoient mieux , ou très - bien inftruits, les avantages qui en réfulteroient pour la nation, ne feroient-ils pas multi-

4

pliés en raifon du plus ou du moins d'étudians, &. de collèges ? Si vos conclusions vous sont adjugées, peut-être ce que vous avez prévu n'arrivera pas , & le conttaire arrivera. S'il y a moins de collèges , ne doit-il pas y avoir plus d'étudians dans chaque collège ? L'université de Paris propose aussi de supprimer des collèges, afin qu'y ayant un plus grand nombre d'écoliers dans les collèges conservés, l'émulation y soit plus grande & mieux soutenue.

D'ailleurs, monsieur, les collèges préférés lors de la ruine des autres, seront-ils mieux dirigés, mieux conduits , par la seule raison qu'il n'y en aura pas un si grand nombre? Les sciences & la religion y seront-elles mieux enseignées ? Ce renouvellement ne peut être opéré que par l'établissement d'une meilleure discipline , & par l'institution d'un meilleur plan d'études. Mais l'un & l'autre peuvent se communiquer à tous les collèges. Les écoliers n'y seront pas en si grand nombre ; ainsi , par une autre voie, tout le profit de vos conclusions vous fera adjugé.

C'est peu de détruire , si on ne songe à édifier. Vous l'avez remar-

Pag. 1. qué. Dans les villes, qui, par le fort, ou par le choix feront défignées pour la fuppreffion du collège, quelle autre reffource jugez-vous à propos d'affigner à toutes ces villes, afin que les enfans y aient quelqu'éducation, quelque culture ? Y aura-t-il du moins une école ?

Jugeons de tout avec » *cet efprit* » *de lumière qui rapporte chaque chofe* » *à fes véritables principes, indépen-* » *damment des opinions & de la cou-* **V. p. 116.** » *tume.* » On ne doit détruire que ce qui eft nuifible & irréformable.

Je fçais, monfieur, que c'eft l'amour du bien de la nation qui a dicté les principes du plan d'éducation nationale. Il eft, en effet, de principe que le bien général doit l'emporter fur le bien particulier. Banniffons à perpétuité hors des limites de notre empire, cette prétendue philofophie, dont la morale n'admet d'autre motif d'agir que l'amour de foi-même. Mais fi le bien particulier peut s'affocier au bien général, alors le bien général n'eft que le bien particulier. En changeant quelque chofe au plan d'éducation nationale, la nation, le particulier, tout profitera.

Dans un état libre , dans un état monarchique, les professions sont libres : les corps & les esprits jouissent de la liberté. *Pour remplir les différens objets* (d'une institution nationale), *il n'est pas nécessaire que l'état gêne les particuliers , ni la liberté des citoyens.*

Pag. 31.

Dans un état chrétien , on sçait qu'il y a des professions qui dépendent d'une vocation qui ne vient pas de l'homme, & à laquelle il faut obéir si elle est certaine : il y a des règles presque infaillibles pour en juger. Le magistrat souverain doit ordonner l'observation de ces règles : il ne faut peut-être que donner la vie aux anciennes règles pour réformer les abus.

Les talens , le génie unissent ce qui est distingué par les conditions. Tout citoyen , né pour les sciences, le fils de l'artisan , celui du laboureur, doivent être assis à côté du gentilhomme, si , par leurs talens ; ils méritent d'occuper cette place.

Supposons les collèges bien dirigés : répugne-t-il à la bonne philosophie, ou à la bonne politique, que les collèges soient ouverts à tous ceux qui fe préfentent ? Que le noble & le roturier foient mis à l'épreuve ? que le noble qui n'a point de talens foit appliqué à toute autre chofe qu'aux études ; & que *Rouffeau*, *Rollin*, *Mefengui*, &c. faffent leurs études (a)?

La légiflation doit fixer l'inftitution nationale ; mais le gouvernement des efprits n'eft pas le gouvernement des peuples. Divifons l'homme par la penfée, nous ne trouverons que deux conditions auxquelles fe rapportent de part & d'autre toutes les autres, par des nuances proportionnelles ; le talent & le génie ; la négation de l'un & de l'autre. La légiflation de l'éducation n'a rapport qu'à ces deux familles.

La nature, comme vous l'avez remarqué, *eft le meilleur des maîtres* ; c'eft-à-dire, que le plan moral de l'éducation, dépend du plan phyfi-

Pag. 17.

(a) Rouffeau étoit fils d'un cordonnier. Rollin étoit fils d'un coutelier. Mefengui n'avoit ni naiffance ni fortune. Il étoit un des plus vertueux & des plus fçavans eccléfiaftiques du royaume. V. éloge hift. de Louis Racine par M. Lebeau, fecrétaire perpétuel de l'académie royale des infcriptions & belles-lettres.

que. Il faut décider par la pierre de touche, si ce qui doit être travaillé, est or, argent, fer ou argile.

Donnez aux François des institu-teurs ; je ne dis pas des hommes qui aient seulement *de la religion*, *des mœurs*, *& qui sçachent bien lire* ; mais des hommes qui aient appris à tâter le cœur & l'esprit de l'homme ; des hommes qui aient cet esprit de finesse & de combinaison nécessaire pour ré-soudre le problême plus difficile que les plus forts problèmes d'algebre, le problême de l'éducation : des esprits donnés, conclure *la sympathie*, le goût, le génie propre; des hommes, qui, s'ils avoient été les instituteurs de Pascal, de Descartes, de Reau-mur, &c. auroient prophètisé le géomè-tre, le philosophe, le naturaliste, &c. Donnez-nous de tels hommes, & toutes les questions sont décidées.

Pag. 149.

Voy. pag. 129.

Voy. pag. 141 & 142.

QUATRIÉME DIFFICULTÉ (a).

Si l'éducation publique avoit été

(a) On a droit de supposer par-tout, ce qui a été dit une fois. On ne rappellera donc pas ici qu'un plan d'études est nécessairement

universellement confiée à des citoyers capables ; on peut présumer avec fondement que la pensée ne seroit venue à personne d'examiner s'il y a en France trop de collèges, trop d'étudians ? &c. Mais l'éducation des collèges (je parle dans le sens moral) ne procurant depuis longtemps que trèspeu d'avantages publics ; de-là les questions, de-là les plaintes. On gémissoit sur un mal connu ; on n'alloit pas plus loin, parce qu'on ne voyoit aucune issue, soit pour détruire les collèges qu'un régime défectueux rendoit inutiles, soit pour réformer les études, & l'éducation des collèges. Des jours serains, des jours plus heureux ont succédé à l'ancienne & trop longue servitude. » Nous touchons au » moment d'une révolution dans les » sciences, d'une refonte générale » dans les connoissances humaines ; il » faut (*donc*) en profiter ; assurer ces

un plan d'éducation ; & qu'un plan d'études qui n'est pas un plan d'éducation, est un plan défectueux ; que, pour réformer une éducation aussi informe que la nôtre, il faut quelque chose de plus qu'un plan d'éducation littéraire, &c.

» loix

» loix nouvelles fur des fondemens
» inébranlables, & qui ne faffent plus
» craindre une nouvelle révolution ; «
c'eft le cri de la nation.

Mémoire du bureau fervant de la communauté de Rennes, pag. 33.

Mais ce cri fe fait entendre dans un fiècle fécond en fyftèmes. » Le feiziè-
» me fiècle fut celui de la fcience &
» de l'érudition ; le dix-feptième celui
» des talens, & le caractère du dix-
» huitième fiècle eft la philofophie.
» Dans ce fiècle-ci la manie du bel-
» efprir s'eft emparé de la nation, &
» a dérangé toutes les profeffions.....
» Le goût du bel-efprit, devenu une
» mode, a banni la fcience, & la vé-
» ritable érudition «.

Effai d'éduc. nation. pag. 117 & 118.

Pag. 29.

Voilà, monfieur, des ombres qui contraftent dans le tableau que vous faites de notre fiècle. Je n'en examine pas le rapport. J'en conclus, 1°. la philofophie du dix-huitième fiècle eft la manie du bel-efprit : 2°. il faut donc être attentif, & diftinguer avec foin ce qui eft fage, de ce qui n'eft que fyftê-me. La nature eft fimple dans fes opé-ration. Le plan le plus fimple pour faire cette *refonte générale dans les con-noiffances humaines*, fera probable-ment le plus vrai.

Pag. 27.

D

Rien de plus simple à penser. Il faut apporter un double remède, là où il y a un double mal. Nous manquons d'instituteurs, & de livres élémentaires. Nous manquons de livres, parce qu'on n'en a pas fait ; nous manquons d'instituteurs, parce qu'on n'en a pas formé ; il faut donc former des instituteurs, & composer des livres. Cette voie est simple & naturelle, elle frappe par son évidence.

Pag. 143. Former des maîtres, dites-vous, monsieur, seroit un ouvrage de longue haleine (b). Vous jugez cet ouvrage inutile, & vous pensez que des livres bien faits dispenseroient peut-être d'avoir des maîtres ; c'est-à-dire, des maîtres *formés*, comme vous l'expli-

(b) On pourroit demander pourquoi former des maîtres seroit un ouvrage de longue haleine ? Est ce à raison de la réunion de différens talens de l'esprit & du cœur dans le même sujet ? Est ce parce que apprendre à former l'homme est un ouvrage difficile, le plus difficile de tous les arts ? Si ce sont là les raisons qui prouvent que former des maîtres est un ouvrage de longue haleine, & on n'en peut pas donner d'autres, il est prouvé par les mêmes raisons qu'il faut former des maîtres.

qués enſuite (c). Enfin, ajoutez-vous, les livres néceſſaires ſont faciles à faire, ou plutôt ils ſont preſque tous faits.

Puiſſe-t-on mettre inceſſamment la main à l'œuvre ! L'ouvrage une fois commencé, il ſera prouvé que cet ouvrage eſt plus difficile, & de plus longue haleine que vous ne l'avez prévu.

Il faut d'abord avoir ſous ſa main les facteurs habiles, paſſez-moi l'expreſſionj; ne fût-il queſtion que de faire des compilations ſenſées & raiſonnables? » Elles ne doivent pas être faites
» par des hommes qui ne penſent
» point, & qui n'ont jamais rien ima-
» giné; mais par des perſonnes capa-
» bles de compoſer elles-mêmes les
» livres qu'elles compileroient, d'ou-
» vrir des routes, de perfectionner
» celles qui ſont découvertes, d'ima-
» giner des méthodes, & de juger les

Pag. 151, oſt-ſcriptum.

Rien n'eſt plus difficile que de ſe proporcionner à l'eſprit des enfans; & c'eſt avec raiſon qu'un homme du monde (Montagne) a dit que c'eſt l'effet d'une ame bien forte & bien élevée, de ſe pouvoir accomoder à ces allures puériles. Nicole. éduc d'un prince a. 2e. partie prem. Pag. 148.

(c) Le premier énoncé paroiſſoit un paradoxe. Par l'explication le paradoxe diſparoit, mais la propoſition eſt toujours une idée nouvelle. Ce plan eſt le premier plan d'éducation, on ne trouve pas le chapitre intulé *des maitres.*

» fciences avec un efprit philo-
» fophique «. (d) La demeure de ces
hommes n'eft peut-être pas trop publique , & vous ne l'enfeignez que
d'une manière bien générale.

» Une autre moyen très-fimple ,
» dites-vous encore, feroit de pro-
» pofer de pareils livres à faire pour
» fujet de prix de toutes les acadé-
» mies ; cela produiroit en peu de
» temps des mémoires excellens, que
» l'on chargeroit des gens de lettres
» de rédiger «. Cette voie ne fera-
t-elle pas la voie la plus longue ? Si le
même jour que les académies propo-
feroient ces livres, l'école pour former des maîtres commençoit fes leçons, nous aurions peut-être les maîtres

(d) On ne peut trop recommander l'efprit
(vraiment) philofophique qui doit préfider à
toutes les fciences, même aux belles-lettres.
Queftion. N'en eft-il pas de l'efprit philofophique comme de l'efprit inventif? L'efprit philofophique eft fupérieur à la philofophie , comme l'art d'inventer eft fupérieur
aux règles & aux inftructions ; l'un & l'autre & l'un comme l'autre, eft bien plutôt un
don du créateur , une habitude infufe qu'une
habitude acquife. Heureufes *les ames privi-
légiées* à qui ces dons ont été faits.

avant les livres. Quoiqu'il en soit de
mes idées ; telles sont les ressources que
vous proposez à la nation pour réformer une éducation aussi informe que
la nôtre.

Pag. 21.

Ce dernier moyen que vous regar-
dez comme très-simple, m'a fait naître
tre une pensée. Ne seroit-ce pas une
question intéressante à proposer pour
sujet de prix à quelques académies,
sçavoir : *Si , pour fonder à perpétuité la
meilleure éducation possible en France ,
il est plus important de faire composer
des livres élémentaires pour exécuter un
bon plan d'éducation littéraire , que de
former des maîtres ? Si un maître qui se
forme lui-même en formant les enfans
qui prennent ses leçons , est un maître
qui mérite la confiance publique ?* &c.

Ces questions pourroient être traitées supérieurement, & pour prouver
l'insuffisance des livres, & le grand
bien qu'il y auroit à avoir des maîtres
*capables d'imaginer des méthodes , & de
juger les sciences avec un esprit philoso-
phique ;* on pourroit ne parler que d'a-
près vous. » Pour professer les lettres
» & les sciences, il faut des personnes
» qui fassent profession des lettres.

Pag. 17. » Chez les réguliers, l'objet des exer-
» cices est plutôt de former les maî-
» tres, que d'instruire les disciples.
» Dans les premières années, un jeune
» régent, qui n'est qu'un vieil écolier,
» achève le cours de ses études aux
» dépens d'autrui... Toute la peine &
Pag. 18. » le travail est du côté des enfans....
» Parmi nous un jeune régent presque
Pag. 19. » enfant, &c. Tout ce qu'on doit sça-
» voir n'est pas contenu dans les li-
» vres; il y a mille choses dont on
» peut s'instruire par la conversation,
» &c. « Tous ces moyens peuvent
être employés contre tous les maîtres
qui se forment en formant les enfans;
& vos pensées trouveroient sûrement
leurs places dans les discours envoyés
aux académies.

Pag. 41.
Voy. pag. 4h
& suiv. On
trouveroit
des nouvel-
les preuves
dans les con
seils donnés
aux maîtres
pag. 11, &
dans ce qui
est dit enco-
re p. 71
L'important
n'est pas de
connoître
(les précep-
tes), quoi-
que ce soi
quelque cho-
se, mais d'en
faire l'appli
cation.
Voy. p. 33.

L'abbé de Saint-Pierre prouve par
des raisons solides, qu'il s'en faut de
beaucoup que l'éducation domestique
ait tous les avantages de l'éducation
publique. Il n'est pas de votre sentiment sur cet article. Il entre dans un
détail qui forme un amas de preuves
qui paroissent victorieuses. Je n'en ex-
trais ici que ce qui a rapport à la question des maîtres.

» Ordinairement , dit l'abbé de
» Saint-Pierre , le précepteur, ou le
» gouverneur (*particulier*) , quoi-
» qu'habile , arrive tout neuf à son
» métier, il n'a nulle expérience des
» enfans; il n'a point vécu avec des
» précepteurs anciens qui pourroient
» le guider ; il n'a pu , par son expé-
» rience, se faire une idée assez juste,
» ni de la portée de leur esprit, ni des
» degrès de leurs passions; il n'a nulle
» expérience des différentes métho-
» des les plus commodes , & les plus
» efficaces pour les encourager , & Tom. II
» pour les intimider lorsqu'il le faut, P. 71, éduc.
» &c. «c.   domest. Je
                                         n'ai pas co-
                                         pié l'ortho-
                                         graphe.

Tels font incontestablement les
devoirs des maîtres ; quiconque ne
les connoît pas , ou ne sçait pas les
remplir , ne fera jamais un maître d'é-
ducation. On ne peut le dissimuler, si
on suit votre plan à la lettre, on con-
fiera l'éducation au premier venu, ce
qui est contraire à vos vues, parce
qu'on dira par tout & toujours, nous
avons de bons livres.

Ce fût par une méthode nouvelle ;
inconnue de son temps , que *Le Fèvre
de Saumur* fit en moins de quatre ans

un prodige de fon fils ; *& pour en faire autant, & peut-être encore plus, dit ce* fçavant humaniste, en terminant l'expofé qu'il nous a laiffé de la méthode qu'il avoit fuivie ; *il n'eft befoin que d'une chofe : c'eft un bon maître ; mais pour être tel, il faut qu'il poffède bien ce* qu'il doit enfeigner.

Méthode pour les humanités, par M. Le Fèvre de Saumur, pag. 67.

» Ce feroit peu d'avoir trouvé la
» véritable route, fi l'on n'avoit des
» guides pour s'y conduire fûrement;
» c'eft l'office des maître habiles, ils
» font comme la bafe de l'édifice lit-

Mém. du bureau, &c. pag. 29.

» téraire. Les bons élèves fortiront
» de l'école des bons maîtres «. C'eft le raifonnement des meffieurs du bureau de la communauté de Rennes.

CINQUIÉME DIFFICULTÉ.

Sur la nature de l'efprit humain.

Pag. 44. *Toute bonne méthode doit porter fur la nature de l'efprit humain, & fur des faits inconteftables.*

Ce principe que vous établiffez, eft le premier principe dans le grand art de former l'homme. La jufteffe du plan d'éducation nationale fera démontrée,

trée , fi , comme vous le penfez ; ce Pag. 140. plan eft fondé fur la nature de l'efprit humain , fur des faits conftans, & fur les principes de la connoiffance humaine.

Quelle eft donc la nature de l'efprit humain ?

Quels font les principes de la connoiffance humaine ?

Pour traiter ces questions avec ordre, & y répandre quelque lumière, il feroit peut-être néceffaire d'examiner d'abord, fi l'homme tel qu'il eft, tel que font tous les hommes, eft l'homme tel qu'il eft forti des mains de Dieu ? Si l'homme tel qu'il eft , eft effentiellement tel par fa nature ; ou fi fa nature eft infectée & corrompue ? Il eft vifible qu'il faut s'y prendre tout autrement, fi l'homme eft malade , ou parfaitement fain. L'erreur fur un article auffi confidérable ne pourra qu'enfanter une méthode erronnée.

La nature de l'efprit humain peut fe déterminer, au moins en partie, par fes opérations.

Toutes les connoiffances viennent-elles à l'homme par les fens.

Cette queftion eft très-important

E

dans la morale ; & les maîtres chargés
de diriger les enfans pour les rendre
hommes , doivent sçavoir s'il n'y a
d'autre *porte* des connoissances que les
sens ; ou s'il faut supposer dans les enfans un fonds d'idées & de connoissances ? (e) S'il en est ainsi , afin que
les maîtres ne marchent pas comme à
tâtons , il faut encore qu'ils sçachent
pourquoi les idées primitives dans
l'homme ne se développent que par
succession ? Pourquoi les connoissances de l'homme sont comme inter-
ceptées ? Pourquoi l'homme est si fort
dépendant des sens ? &c.

Pag. 37. *Il semble, dites-vous monsieur, que
la méthode (d'instruire les enfans) ne
devroit pas être un grand mystère... Il
suffit d'observer comment les premières
connoissances entrent dans l'esprit des
enfans, & comment les hommes faits en
acquièrent eux-mêmes.*

*L'expérience contre laquelle on philo-
sopheroit envain, nous apprend que nous
n'apportons en naissant qu'une capacité
vuide qui se remplit successivement ; que*

(e) Il faut regarder où il fait jour, & en ap-
procher ce que l'on veut faire entendre. Nicole
éduc. d'un prince, 2 p. n. 6.

pour introduire des notions dans les ef-
prits, il n'y a d'autres paſſages ouverts
que la ſenſation & la réflexion (f).

Il paroît certain que l'homme ne commence à avoir des connoiſſances, que lorſqu'il commence à faire uſage des ſens ;
ſa première ſenſation eſt ſa première con-
noiſſance.

Les enfans, non plus que les perſonnes avancées en âge, ne ſont capables de
réflexions qu'au moyen des idées acqui-
ſes... Les idées ſont plus faciles à proportion qu'elles ſont moins abſtraites, &
qu'elles ſe rapprochent davantage des
ſens ; elles ont encore l'avantage d'être
déterminées par elles-mêmes : les notions
abſtraites au contraire ſont vagues, n'of-
frent rien de fixe à l'eſprit, &c. *Pag. 35.*

Vous dites ailleurs : Les enfans.... *Pag. 49.*
ſçavent auſſi bien que les hommes avancées en âge, qu'on ne doit faire du mal
à perſonne, qu'on n'en doit pas faire au
public, qui eſt compoſé de pluſieurs perſonnes.

(f) La ſenſation précède la réflexion. On
lit à la page 45 : *Les enfans ... ont des ſens
qui ſont les portes des connoiſſances... Ils ont
de plus la faculté de réfléchir ſur leurs ſenſations.* C'eſt par-tout le même ſyſtème.

E ij

Il est une loi naturelle également di-
vine écrite dans tous les cœurs, dont la
conscience rend témoignage, comme dit
l'apôtre. Elle est de tous les siècles, de
tous les pays, de toutes les nations, &,
pour ainsi dire, de tous les mondes. C'est
de cette loi que Cicéron dit qu'elle est née
avec nous, &c. (g).

Pag. 245.

On n'ira peut-être jamais en morale
au-delà des principes innés de justice &
de vertu; ni du sentiment naturel que
la conscience en a gravé dans le cœur de
tous les hommes.

Pag. 128.

Les maîtres qui voudront s'instruire par votre mémoire, resteront probablement dans l'incertitude. Peut-être s'en trouvera-t-il qui croiront appercevoir, dans ses différens textes comparés, quelque nuance de contradiction (h).

(g) Ajoutons à ces textes un mot de M. Bossuet. ,, S'il y a des peuples qui ne connoissent ,, pas Dieu, il n'en est pas moins pour cela ,, le créateur, & il ne les en a pas moins faits ,, à son image & ressemblance «. *Politiq. Sac.*, tom. 7, pag. 253.

(h) Peut-être trouvera-on aussi de la contradiction dans ce qu'on lit aux pages 45 & 46.

Pag. 45. *J'avoue qu'après l'effort inconceva-*

Le seul auteur que vous citez sur la question de l'origine de nos connoissances, est l'abbé de Condillac. Permettez-moi de vous demander, monsieur, dans lequel de ses ouvrages l'académicien de Berlin a, comme vous le prétendez, *bien démêlé l'origine de nos connoissances* ? Est-ce dans l'Essai sur l'origine des connoissances humaines ? Est-ce dans le Traité des sensations ? Est-ce dans le Traité des animaux ? Pag. 38.

L'abbé de Condillac, que vous placez au rang des philosophes, s'explique lui-même dans le Traité des sensations. » J'étois, dit-il, dans ces » préjugés (de croire qu'il y a des » connoissances nées avec nous), » lorsque je publiai mon essai sur l'o-» rigine des connoissances humaines. » Je n'avois pû en être retiré par les » raisonnemens de Locke sur un » aveugle né... Vous sçavez, mada-» me, à qui je dois les lumières qui » ont enfin dissipé mes préjugés.

Pag. 87.

Traité des sensat. p. 20.

Ibid. pag. 22.

Voy. Essai d'éduc. nat. pag. 79 & 105.

La comtesse de Vassé. Le traité des sensations lui est adressé.

Ibid. Traité des sensat., pag. 4.

ble qu'ont fait les enfans pour apprendre à parler, &c.

Pag. 46. *Apprendre à parler, apprendre une langue par l'usage, cela se fait naturellement & facilement.*

» *Mademoiselle Ferrand* m'a éclairé
» fur les principes, fur le plan, & fur
» les moindres détails ; & j'en dois
» être d'autant plus reconnoiffant que
» fon projet n'étoit pas de m'inftrui-
» re, ni de faire un livre ; elle ne
» s'appercevoit pas qu'elle devenoit

Ibid, p. 10.
» auteur (i) ». L'abbé de Condillac
fit de fi grands progrès, & acquit tant
de lumières par *les conseils fages & la*
critique éclairée de mademoifelle Ferrand, qu'il parvint au point de trou-

Ibid, p. 14.
ver du vuide, ou du faux dans Locke
lui-même, parce que *toutes les facultés*
de l'ame lui ont paru des qualités innées,
& qu'il n'a pas foupçonné qu'elles pour-
roient tirer leur origine de la fenfation
même. C'eft donc dans fes derniers

Voy. ex-
trait raifon-
né du traité
des fenfat.,
par M. l'ab-
bé de Con-
dillac lui-
même à la
fuite du trai-
té des ani-
maux, pag.
189.
ouvrages que l'abbé de Condillac *a*
bien démêlé l'origine des connoiffances.

Eh bien, monfieur, on peut affurer
que l'abbé de Condillac s'eft prodi-
gieufement & groffièrement égaré

(i) Le premier chapitre du traité des fen-
fations, qui eft le deffein de l'ouvrage, eft
tout-à-fait intéreffant. On y apprend à fe
faire une jufte idée des vrais fentimens, des
fentimens intimes des prétendus philofo-
phes.

dans ſes derniers ouvrages. Vous en
ſerez convaincu , ſi vous vous donnez
la peine de les lire. L'homme qu'*imaginent* (k) ces prétendus philoſophes , Voy. Eſſ.
d'éduc. nat.
pag. 119.
l'homme de Locke , de Buffon , de
l'abbé de Condillac , de Voltaire , &c.
eſt un homme phantaſtique , un homme tout entier de leur création. Quels
auteurs , & quels principes !

Eſt-il prudent d'indiquer ces ſources
empoiſonnées à de jeunes inſtituteurs
qui n'ont encore aucune expérience ,
& dans un ſiècle , ou , comme vous
l'avez obſervé , *la religion eſt atta* Pag. 114.
quée , & où elle manque de défenſeurs ?

Il faut vous le dire , monſieur , le
public ſenſé eſt affligé de voir un Magiſtrat célèbre appeller avec une ſorte
de complaiſance , indéfiniment & ſans
reſtriction , *Voltaire un génie ſupé*
rieur (l). Les jugemens que portent Pag. 73.

(k) C'eſt l'expreſſion de l'abbé de Condillac en parlant de M. de Buffon. *V. ext. raiſ.*
&c. pag. 189.
(l) Voltaire un génie ſupérieur !.... Voltaire le fondateur de cette *manie du bel eſprit*
qui s'eſt emparée de la nation , & qui a *dérangé*
toutes les profeſſions !
„ Repréſentez-vous un homme , dit un
„ auteur qui connoiſſoit bien Voltaire , qui

les Magistrats, les conseils qu'ils donnent, doivent montrer par-tout le cen

» parle avec feu sur des matières qu'il n'entend pas ; un homme entraîné par l'auto-
» rité d'autrui, & jaloux avec cela de la
» sienne propre ; condamnant d'un air dédai-
» gneux tous ceux qui ne pensent pas com-
» me certaines gens lui ont dit qu'on doit
» penser, mais aussi s'érigeant quelquefois en
» juge de ces mêmes maîtres dont les déci-
» sions lui ont tenu lieu de preuve, & ne
» cherchant enfin dans les sujets les plus gra-
» ves que l'occasion de dire un bon mot ;
» voilà, monsieur, quel est le nouveau
» philosophe que nos amis vous ont tant
» vanté «. *Première lettre sur la nature de
notre ame, & sur son immortalité à l'occasion
des lettres philosophiques de M. de Voltaire.* Ces
lettres sur la nature de notre ame ont été
réimprimées en 1753 à Amsterdam, chez
Catuffe.

La vingt-cinquième des lettres philosophi-
que est la critique des pensées de M. Pascal.
M. de Voltaire prétend, ou plutôt il est *très-
persuadé* que, si M. Pascal *avoit suivi dans le
livre qu'il méditoit le dessein qui paroît dans ses
pensées, il auroit fait un livre plein de paralo-
gismes éloquens, & de faussetés admirablement
déduites.* Il paroît à M. de Voltaire *que l'esprit
dans lequel M. Pascal écrivit ces pensées, étoit
de montrer l'homme dans un jour odieux. Il s'a-
charne,* dit-il, *à nous peindre tous méchans &
malheureux : il écrit contre la nature humaine,
à peu près comme il écrivoit contre les Jésuites :*

Vingt-cin-
quième lett.
pag. 2.

Ibid. p. 1. &
2.

feur des mœurs, & le vengeur du crime?

» Ce feroit une trop grande rigueur,
» dit Nicole, que d'interdire abfolu-
» ment aux enfans les livres des
» payens, puifqu'ils contiennent un
» grand nombre de chofes utiles :
» mais il faut qu'un maître fçache les
» rendre chrétiens par la manière dont
» il les expliquera «.

Educ. d'un prince, 2 p. n. 46.

En fuppofant qu'on trouve dans les ouvrages de M. de Voltaire des morceaux ifolés, des *préfaces* ; n'eft-il pas de devoir d'avertir des écarts fans nombre de l'auteur, & du venin répandu dans tous les ouvrages ?

Les pères de l'églife lifoient les ouvrages des payens & des hérétiques ; &, lorfqu'ils en confeilloient la lecture, ils le faifoient avec prudence & avec fageffe. Saint Auguftin faifoit

V. Fleury, m. des ch. n. 7, II difc. fur l'hift. eccl. n. 13. 14. 15. 16.

il impute à l'effence de notre nature ce qui n'appartient qu'à certains hommes : il dit éloquemment des injures au genre humain. J'ofe prendre le parti de l'humanité contre ce mifantrope fublime. J'ofe affurer que nous ne fommes ni fi méchans, ni fi malheureux qu'il le dit.

Seroit-il bien difficile de prouver que M. Pafcal parle de la nature humaine, confidérée dans l'état de péché, comme S. Paul en a parlé ?

beaucoup de cas du livre des règles de Tichonius, fameux donatiste. Il appelle cet ouvrage : *Tam elaboratum, atque utile opus*. Il en recommande la lecture, *legatur à studiosis*, mais avec cette précaution : *cautè sanè legendus est, non solum propter quædam in quibus ut homo erravit, sed maximè propter illa, quæ sicut donatista hæreticus loquitur*.

Christianiser les ouvrages de Voltaire, est peut-être un entreprise chimérique. Il n'est point à craindre que les livres des payens fassent aujourd'hui des idolâtres; & les livres seuls de Voltaire font tous les jours des impies & des libertins.

Vous ignorez sans doute ces faits, monsieur; pour vous en convaincre, dans le siècle où *la débauche* est *trop universelle parmi la jeunesse; dans ces temps, ... pendant les crépuscules d'une lumière qui naît, ou* (pour parler encore avec vous) *qui s'éteint*. Demandez à cette foule de jeunes esprits qui ne croient rien, quel a été leur maître, quel est leur oracle ?

Un plan d'études est comme le code & le manuel des instituteurs. Un plan d'études présenté à la nation par un

Marginal notes:

V. S. Aug. de doc. Christ. lib. 2. c. 40. n. 60. 61. 62.

S. Aug. ibid. lib. 3, c. 30, n. 43. 2. p. tom. 3. pag. 58.

Essai d'éducation nationale, pag. 2.

Pag. 333 & 334.

magiſtrat, ne doit avoir, s'il eſt poſ-
ſible, aucune tache. Tout doit y être
peſé ; les conſeils, les expreſſions mêmes doivent y être jugées. Il eſt des
temps critiques, où le langage ſe reſ-
ſent de la corruption de l'eſprit. On
abuſera peut-être, ou l'on expliquera
mal vos expreſſions. *La nature met de
la différence entre les hommes (on n'en
peut douter) (m). Le talent eſt un don de
la nature, ſuppoſez que la nature fait
tout, que l'exercice & l'application n'a-
joutent rien, &c. Si l'on voit des vertus ſublimes, & des talens éminens bril-
ler au milieu des ténèbres de ces ſiècles
d'ignorance, c'eſt par un effort de la nature ſeule, & qu'elle ne fait que rarement. Il y a des génies à qui Dieu ſemble avoir départi une portion de ſa preſ-
cience, c'eſt un don de la nature ſeule.*
Ce langage déplaiſoit à Sénèque, &
nous vivons au milieu d'un trop grand
nombre d'hommes moins religieux
que ce philoſophe. *Natura, inquit,
hæc mihi præſtat. Non intelligis te, cum
hoc dicis, mutare nomen Deo ? quid
enim aliud eſt natura quam Deus ?*

(m) *Si naturâ, quare non omnibus.* V. S. Aug.
l. 3. de Spir. & lit. c. 33, n. 57.

Pag. 4.

Pag. 4.

Pag. 5.

Pag. 9.

Senec de
benef. lib. 4.
c. 7, p. 118.
ex. edit.
plant. 1605.

SIXIEME DIFFICULTÉ.

Sur les faits constans par rapport à l'éducation.

Les faits constans par rapport à l'éducation, sont les conséquences de l'expérience.

L'instituteur qui a vieilli ; celui sous les yeux duquel un grand nombre d'enfans ont passé d'un âge à un autre âge ; ces hommes sont peut-être les seuls assez sçavans pour faire une histoire exacte, une tradition constante des faits par rapport à l'éducation.

L'architecte le plus habile ne décide à coup sûr qu'on peut jetter les fondemens d'un édifice dans un sol donné, qu'après avoir fouillé jusqu'à la profondeur ordonnée par les principes de son art.

Le sculpteur embellit, l'architecte bâtit, l'architecte est au sculpteur comme le bon est au beau.

Les principes établis ailleurs, ont démontré que l'homme ne peut être formé que d'une certaine manière, & qu'il faut absolument renoncer dans l'éducation à tout ce qui n'est que syſtême. Des effets donnés conclure la cauſe efficiente, c'eſt le problême, c'eſt l'axiome pratique dans l'éducation ; convertir les faits en principe, c'eſt le paralogiſme trop commun dans notre ſiècle.

Les enfans, dites-vous monſieur, Pag. 45. *n'ont point d'attention, parce que la foibleſſe de leur organes ne réſiſteroit pas à une tenſion ſoutenue ſur le même objet. Ils n'ont pas de jugement, parce qu'ils n'ont ni aſſez de matériaux dans l'eſprit pour les comparer, ni aſſez d'exercice & de force pour ſaiſir les détails, ſans leſquels toute comparaiſon manque de juſteſſe (n).*

Cette aſſertion, beaucoup trop générale, eſt expliquée & reſtrainte par

_____

(n) On lit tout de ſuite au même endroit : *Ils (les enfans) ont des ſens qui ſont les portes des connoiſſances ; de la mémoire qui leur rappelle les choſes abſentes qu'ils ont vues ; ils ont de plus la faculté de réfléchir ſur leurs ſenſations, ſur le ſentiment intérieur qui ne les abandonne jamais, non plus que les autres hommes, & ſur les repréſentations des uns & des autres, c'eſt-à-dire ſur les idées. C'eſt tout le ſyſtème, ou à peu de choſe près, du traité des ſenſations.*

ce que vous ajoutez tout de suite de *l'effort inconcevable que font les enfans pour apprendre à parler*, & du peu d'effort avec lequel ils apprennent des jeux qui exigent des combinaisons assez fines; exemples qui supposent & prouvent en même temps que les enfans sont capables de beaucoup d'attention & de réflexion ; ce qui ruine entièrement le système qui prétend, *que nous n'apportons en naissant qu'une capacité vuide*, & que les sens font les seules portes des connoissances (o).

Pag. 46.

Quoiqu'il en soit, monsieur, de ces raisonnemens, est-il bien constant que les enfans n'ont point d'attention à cause de la foiblesse de leurs organes? qu'ils n'ont point de jugement, parce qu'ils n'ont ni matériaux dans l'esprit, ni assez d'exercice ? &c. Ne pourroit-on pas, ou ne doit-on pas assigner une cause plus première ; (permettez-moi

---

(o) *Le langage qu'on apprend à l'enfant, suppose en lui la faculté de se former des idées, de les généraliser, de les lier aux mots, & de faire servir la parole à un commerce libre & raisonné de ses propres pensées avec les pensées d'autrui. Lettre II. sur la nature de notre ame, &c.*

l'expreſſion) de ce défaut d'attention,
de jugement dans les enfans ? Au ſor-
tir , de l'enfance , & même à cet âge
où on dit l'homme fait, ne trouve-t-on
pas ſouvent peu d'attention , peu de
jugement , &c. ? » Si on eſt trop jeu- Penſ. c. 25.
» ne, dit Paſcal, on ne juge pas bien , n. 3.
» ſi on eſt trop vieux de même.....
» L'eſprit du plus grand homme du
» monde , n'eſt pas ſi indépendant,
» qu'il ne ſoit ſujet à être troublé par
» le moindre tintamare qui ſe fait au-
» tour de lui... Ne vous étonnez pas ,
» s'il ne raiſonne pas bien à préſent;
» une mouche bourdonne à ſes oreil- Paſcal ibid 9.
» les: c'en eſt aſſez pour le rendre in-
» capable de bon conſeil «.
Pourquoi les enfans ſont-ils ſi at-
tentifs dans certaines circonſtances ,
& ſi judicieux ? La ſeule raiſon qu'il
ſemble qu'on en puiſſe donner, c'eſt
qu'ils le veulent. *Trahit ſuaquemque
voluptas.* Mais pourquoi ne veulent-
ils pas toujours ? Pourquoi les circonſtances étant changées, les enfans ne
paroiſſent-ils plus les mêmes ? L'exa-
men de ces queſtions ne doit pas ſe
placer ici. L'aſſujettiſſement de l'ame
au corps qu'elle anime dans ces diffé-

rens états la fait paroître enfantine dans
les enfans, vigoureuse dans les hommes sains, usée dans les vieillards, malade dans ceux qui ont le cerveau bles-
sé ; ces faits sont constans, mais ces
faits n'expliquent point ce qui paroît
absurde & contradictoire dans l'homme ; & cependant si l'instituteur ne
parvient pas à découvrir la première
& la principale cause, on peut décider
que son entreprise est manquée.

C'est encore un fait constant que les
enfans, pendant tout le temps que
vous appellez *le premier & le second âge*,
sont tout de feu, ni appliqués, ennemis
de la gêne ; du repos & du travail. Ici
revient la question déjà proposée, pourquoi les enfans sont-ils tels ? & puis-
qu'ils sont tels, qu'elle doit être la conduite des instituteurs ? qu'elle peut être,
d'après les faits, la méthode la plus
sûre pour former l'esprit & le cœur ?
Faut-il laisser les enfans à eux-mêmes,
courir & sauter, pour ainsi dire, avec
eux, & donner ses leçons ? Seroit-il
possible de *fixer leur attention, de
perfectionner leur jugement*, si on exé-
cutoit à la lettre la méthode & les conseils que vous donnez aux instituteurs,

ſur la manutention & la diſcipline de leurs écoles ?

Vous êtes perſuadé , monſieur , qu'il n'eſt beſoin pour exécuter un bon plan littéraire , que de livres qui ſerviroient d'inſtruction , & de méthode d'inſtruction, Voy. les pag. 19. 70. 148 149.

Si l'inſtitution n'avoit d'autre objet & d'autre méthode que de former l'homme par l'étude de l'hiſtoire ; s'il n'étoit queſtion que des commencemens de l'éducation , qui n'exige que des yeux & de la mémoire , le moyen propoſé ſeroit peut-être infaillible. Le maître ; n'auroit , pour ainſi dire , qu'à lire & à interroger ; mais pour remplir les devoirs & l'étendue de l'inſtitution , comme vous le ſuppoſez ſans doute , des livres ſeuls ſeront toujours , on peut l'aſſurer , des moyens inſuffiſans & inefficaces. Pag. 149. V. pag. 149. V. pag. 51.

Vous ſuppoſez les livres faits ; & vous ajoutez : *Je ne demande que quatre ou cinq heures de claſſe ; ou la peine ſoit principalement pour les maîtres , ou ils faſſent travailler les enfans devant eux , ou les diſcipies les plus avancés feroient les démonſtrations aux plus jeu-* Pag. 149.

E

nes, des livres où l'instruction seroit toute faite (p).

Dans les trois ou dans les quatre premières années , hors les classes nulle étude que des leçons agréables & utiles à retenir , & qu'ils pourroient apprendre en se promenant.

Pag. 140.

Enfin , monsieur , votre plan seroit de former nos collèges sur le plan du portique & du lycée ; & que , dans les mêmes lieux , nos enfans prissent , s'il est permis de se servir de ce terme , leurs leçons & leurs ébats (q). Il ne faut sans

V. pag. 12.

(p) Si l'instruction est toute faite , comment l'émulation sera t-elle excitée? V. p. 58. Rien ne flatte davantage l'amour propre que de croire inventer soi-même. V. pag. 67. Que pourront inventer les enfans , si l'instruction est toute faite ?

Pag. 69. Telles sont les opérations que je propose pour le premier âge , apprendre à lire , &c. Il n'est pas dit qu'on apprendra le catéchisme. On n'a pas oublié les Fables de la Fontaine , qui , quoiqu'on en dise , ne doivent point être retirées des mains des enfans , mais qu'on doit leur faire toutes apprendre par cœur. Qui est ce qui a jamais dit que les Fables de la Fontaine doivent être retirées des mains des enfans ? Mais est-il prudent d'ordonner qu'ils les apprendront toutes ?

(q) Il n'y a nulle comparaison des enfans à l'âge de dix ans , à ces hommes faits qui

doute s'arrêter qu'à l'esprit de ces conseils & de cette méthode. La lettre est absolument impraticable. Ce fait est le fait le plus constant par rapport à l'éducation publique.

Voilà, monsieur, quelques-unes des difficultés que fait naître la lecture réfléchie de l'*Essai d'éducation nationale*. Dans celles que je prends la liberté de vous proposer, je ne me suis arrêté qu'au plan général de votre mémoire. Il m'a paru, pour emprunter une pensée de Pascal, que c'étoit là *le point* Ch, 25, 32 *indivisible, & le véritable lieu de voir le tableau*. J'ai conclu, après l'avoir considéré attentivement, que, pour faire de ce mémoire un plan d'*éducation nationale*, il étoit ou utile, ou nécessaire d'y faire des changemens. Vous déciderez, monsieur, si la conséquence est juste, & si les difficultés sont fondées.

alloient écouter les Aristides, les Platons, les Xénophons, les Démosthènes. Le portique & le lycée n'étoient ni à Rome, ni à Athènes les écoles des enfans.

F I N.